Docteur J. CHABANON (1)

UN LENDIT UNIVERSITAIRE A MONTPELLIER
(XVIme siècle)

L'Acte de Triomphe
du
DOCTE & GENTIL RABELAIS

Miscere utile dulci.
(Mêler l'utile à l'agréable)
HORACE.

(Illustrations avec portrait authentique et autographe de Rabelais)

Prix : 2 fr. 50

PARIS
IMPRIMERIE-LIBRAIRIE DE « LA PROVINCE »
168, rue Saint-Maur, 168

1912

FRANÇOIS RABELAIS

Docteur en médecine de la Faculté de Montpellier (22 mai 1537)

(D'après un ancien tableau conservé à l'Ecole de Médecine de Montpellier)

L'Acte de Triomphe
DU DOCTE & GENTIL RABELAIS

Respectueux hommage
à l'éminent rédacteur en chef de « La Province »,
au vaillant et inlassable décentralisateur

Lucien DUC

le chantre inspiré de Marinette, *des* Médaillons Félibréens
et du Poème de ma Vie.

Son admirateur et ami,

Docteur J. CHABANON.

Docteur J. CHABANON (⁂)

UN LENDIT UNIVERSITAIRE A MONTPELLIER
(XVIᵐᵉ siècle)

L'Acte de Triomphe

du

DOCTE & GENTIL RABELAIS

Miscere utile dulci.
(Mêler l'utile à l'agréable).
HORACE.

(Illustrations avec portrait authentique et autographe de Rabelais)

PARIS

IMPRIMERIE-LIBRAIRIE DE « LA PROVINCE »

168, rue Saint-Maur, 168

1912

« *LE LENDIT* », grande Fête universitaire, par J. J. Weerts

Panneau de la nouvelle Sorbonne où, parmi tant de peintures d'histoire très appréciées, se trouvent deux célèbres fresques de Chartran, représentant : l'une, le grand naturaliste Cuvier, qui combattit à outrance, dans la personne de Geoffroy-Saint-Hilaire, le transformisme, aux prises avec des ossements antédiluviens qu'il cherche à déterminer dans sa géniale intuition ; et l'autre, Ambroise Paré, l'inventeur de la ligature des vaisseaux sanguins, pratiquant pour la première fois, au siège de Metz, en 1553, l'occlusion, par le fil, des artères et des veines lésées, sur un soldat percé de douze coups d'épée, en présence du clergé qui, venu pour la levée du corps, assiste à une guérison quasi miraculeuse, tandis que la tombe du blessé était déjà prête pour recevoir sa dépouille mortelle.

Avant-propos

Dans l'ancienne France, on donnait le nom de *Lendit* (1)
à une belle fête de l'Université de Paris, fille aînée et aimée
de nos rois, qui, comme son éminente sœur montpelliéraine, (2) a plus de neuf cents ans d'existence, pour ne pas

(1) *Lendit*. Vaugelas écrivait ce vieux mot si français : Lendit. On
écrivit ensuite l'Audit, Lendi, Landy et, enfin, d'après l'orthographe de
Littré : Lendit. Ce terme vient, du bas latin, *Indictum*, foire et jour de
congé de l'Université, le lundi après la Saint-Barnabé.

(2) Les deux étymologies que les auteurs assignent à Montpellier nous
semblent être incertaines et quelque peu fantaisistes. Les actes du
moyen âge désignent bien, sans doute, Montpellier par les noms de
Mons Puellarum, mont des jeunes filles, ou de Mons Pessulanus, mont
élevé, et nous ne saurions contester à cette glorieuse cité la gracieuse
distinction de ses belles citoyennes ; mais nous avons le grand regret
de nous inscrire en faux contre la prétentieuse appellation de mont
élevé, donnée à la minuscule colline sur laquelle est bâtie la Ville
studieuse. Ne serait-il pas plus logique de faire dériver Montpellier de
Mont Pelé (Mons Pellatus), c'est-à-dire dépourvu d'arbres et de verdure,
de peau (pellis), en un mot, comme devait être, autrefois, ce coin de
garrigue languedocienne qu'on nomme encore, en patois d'Oc, *lou clapas*,
(l'amas de pierre ?)

dire, avec Du Boulay, qu'elle remonte à la colossale épopée du moyen âge, qu'immortalisa de sa terrible épée : Jóyeuse au dur tranchant, Karl-Mann (Charlemagne), l'homme fort des récits légendaires, fils de Berthe au grand pied, et non pied d'oie (*pes aucæ*), comme la fameuse Berthe de Bourgogne, surnommée la Reine Pédauque.

Foire d'abord, qui durait de la Saint-Barnabé à la Saint-Jean, le Lendit se tint à Aix-la-Chapelle, à l'époque où brillait d'un si vif éclat Benoît d'Aniane, réformateur des Lettres et familier du puissant « emperor à la barbe florie », terreur des Sarrasins et de l'émir de Saragosse. Par ordre de Charles le Chauve (Karle), qu'on disait (?) fils de Bernard, ce languedocien favori de Louis le Débonnaire, et de la belle reine Judith de Bavière, qui fut condamné, sur l'arrêt du roi de France, à avoir les yeux brûlés et mourut de ce cruel supplice, par ordre de Charles le Chauve, qui dicta, en 843, à son frère, Louis le Germanique (fradre Lodhuwigs), roi des Allemands, le premier monument de la langue française écrit en pur roman, — serment de Strasbourg — le Lendit devint la très solennelle Fête des Escholiers, à laquelle les Universitaires (1) et le Parlement prenaient une part très active.

A l'origine, on célébra le Lendit dans la plaine St-Denis, entre cette ville et la chapelle, à l'endroit même — champ du Lendit — où, dans le courant de l'année 1567, les calvinistes furent mis en déroute. En 1400, il fut transféré dans la cité où s'élève, triomphale et superbe, la basilique fondée par Dagobert, où Henri IV fit, le 25 juillet 1593, son abjuration si opportune, car Paris valait bien une messe, qui renferme la sépulture de nos rois, et où l'on peut contempler, sur les marches de la célèbre crypte, reproduite plus

---

(1) L'Université de Montpellier a été officiellement fondée en 1292, par le pape Nicolas IV, et son École de Médecine — la plus ancienne de France — organisée dès 1137, avec un enseignement donné par des juifs, à qui l'exercice de la médecine fut plus tard interdit, jusqu'au jour où Guillem VIII, en 1180, décréta la libre pratique de cette science à tout homme, quel qu'il fût et d'où qu'il vînt.

loin, le cercueil de Louis XVIII, dernier des Capétiens-Bourbons, (1) morts sur le trône de France, attendant en vain, depuis 1824, la venue de son successeur dans le royal mausolée, pour prendre définitivement possession de son ultime demeure.

Espèce d'Exposition Universelle où se trouvaient entassés tous les produits de l'industrie, le Lendit offrait les plus riants étalages à côté des théâtres, échoppes, cabarets et académies de jeux, tenus par de charmantes boutiquières.

C'est là que les escholiers, toujours en quête des meilleures occasions de rigoler, sous le fallacieux prétexte d'acheter des parchemins et, plus tard, du papier, menaient « grand soulas », échangeaient « plus baveux (bavards) alors que des pots à moutarde », au-devant des tavernes en plein air, les dialogues les plus croustillants avec les comédiens, rossaient le guet, lutinaient les ribaudes et, de retour à Paris, faisaient endiabler les « propros » en drapant le mur de leur chambre d'un carré de drap noir sur lequel ils disposaient, en panoplie, les rares os de leur squelette d'étude : fémurs, humérus et tète casquée du bassin, horriblement plantée sur la colonne vertébrale, avec un vieux savorados entre le ricanement sardonique et macabre des arcades dentaires !

Dès l'aube du grand jour, on s'assemblait, *galli cantu*, au sommet de la montagne Sainte-Geneviève. Le recteur, entièrement rasé — nul universitaire ne portant la barbe au temps du Lendit — était entouré de quatre parcheminiers jurés et, solidement campé sur son destrier caparaçonné, il précédait les régents et les étudiants, dont il était le chef respecté.

---

(1) *Bourbons*. L'étymologie de Bourbon vient d'une divinité celtique : de Borvo ou Bormo, nom gaulois de la station chlorurée sodique de Bourbon-l'Archambault (Borbonis Aquæ), qui signifie chaud, à cause du bouillonnement que fait la bourbe, l'eau boueuse de ces thermes, à 52° cent. Le radical Bor est très voisin du radical latin bull-ire, bouillir.

Le nom du dieu gaulois est devenu celui de la dynastie des Bourbons, qui n'étaient, à l'origine, que les petits seigneurs d'un castel dominant Bourbon-l'Archambault.

Sa mission, à Saint-Denis, était de s'approvisionner de bottes de parchemins (1) pour les collèges et d'aller, avec les quatre parcheminiers jurés, percevoir, de boutique en boutique, les droits privilégiés de l'Etat.

En grande partie montée sur des chevaux plus ou moins richement équipés, la bande joyeuse se mettait en marche sur l'invitation du recteur, et la procession matutinale traversait fièrement, sous le gai flottement des bannières nationales multicolores, en bon ordre et au son des tambours, la ville encore plongée dans les bras de Morphée. A Saint-Denis, les Maitres, avant de lâcher entièrement la bride à leurs disciples, avaient la précaution de se faire payer, en espèces sonnantes et trébuchantes, leurs salaires annuels, qui consistaient en six ou sept écus d'or que les escholiers fichaient dans un beau citron et offraient dans un verre en cristal.

Abolie par le Parlement, la Fète universitaire n'existe plus depuis longtemps.

La réception de Rabelais fut un de ses derniers et glorieux échos dans le bas Languedoc. Aussi, pensons-nous qu'il convient de conserver l'expression de Lendit, si chère à nos vénérés recteurs, à la fète historique montpelliéraine du 22 mai 1537, et de dénommer dorénavant, par respect pour nos traditions scolaires, Fêtes du Lendit, les grandes journées de la jeunesse universitaire du « dulz païs de France. »

---

(1) *Parchemins*. Ce mot (*pergamen*, en latin), qui tire son origine de Pergame, ville de l'Asie-Mineure, où l'on commença la fabrication de ce produit, signifie peau de chèvre, de mouton, de brebis, d'agneau ou de veau, préparée avec de l'alun. Dans l'antiquité, on prenait des notes avec un stylet d'os ou de métal, sur des tablettes qui n'étaient que des plaquettes de bois ou de plomb, creuses et recouvertes en cire.

Pour rendre ces notes durables, on les transcrivait sur des parchemins, à l'aide de plumes d'oie et d'encre. Les manuscrits étaient enroulés sur un bâton. Ils n'avaient qu'une page et formaient un volume atteignant parfois, comme les œuvres d'Hippocrate, douze mètres.

Nous possédons plusieurs parchemins concernant Villefort et les châteaux voisins. L'un d'eux, écrit en belle gothique, mesure 3 mètres de long sur 60 centimètres de large.

Le Dauphin, qui devint le roi Henri II et mourut en 1559, après s'être enferré sur la lance de Montgommery, est auprès de Charles-Quint.

Au-dessus, sur la même marche d'escalier, en partant de droite : le duc de Guise, Montmorency, portant l'épée de connétable, Henri d'Albret et Antoine de Bourbon, l'un, le grand-père, et l'autre, le père de Henri IV.

Sur la marche suivante, sont le Légat du Pape Paul III, entre les cardinaux de Lorraine et du Bellay. Plus haut, le cardinal d'Astorgia. Dans la première tribune, on voit, sur le devant : Catherine de Médicis, Mme d'Uzès, Mme de Brissac et les deux maîtresses du roi : Diane de Poitiers et la Belle Ferronnière. Derrière ces deux dames, Amyot, le traducteur de Plutarque, dont on ne voit que la tête, et l'illustre sculpteur Jean Goujon.

Dans l'autre tribune, se trouvent une rangée de dames qui sont, en partant du pilier, Mme d'Andelot, Mme de Larochefoucauld, Mme d'Elbeuf et Mme de Montaigne, ayant près d'elle un enfant de sept ans qui devint Michel de Montaigne.

Derrière cet enfant, Rabelais et Clément Marot chuchotent avec mystère. Un peu plus haut, les architectes Jean Bullant et Pierre Lescot se penchent pour mieux voir. Le peintre Primatice est appuyé contre le pilastre.

L'original de ce tableau est au Louvre, depuis 1820. Il fut payé 10.000 fr au baron Gros, auteur de ce « bouquet. »

L'église abbatiale de Saint-Denis a été consacrée en 1140, par Suger, le plus grand homme d'Etat de la dynastie capétienne.

François Ier et Charles-Quint visitant, dans la crypte de Saint-Denis, le tombeau du roi Louis XII, beau-père et prédécesseur de François Ier sur le trône de France.

Voici le nom des principales figures de ce tableau :

A côté de François 1er est son second fils, Charles d'Orléans, décédé jeune.

LARMES DANS LA COUPE DU ROI !

C'était en 1537, le 22 du mois de mai, frais et gai, sous le règne de François de Valois, protecteur des Lettres et des Arts, par une de ces belles journées printanières où, succédant à l'éclatante parure des violettes, muguets, primevères, lilas, roses, lys, tulipes, jacinthes, bluets et myosotis, au corail succulent des cerises, aux thyrses des marronniers verdoyants qui s'écrasaient sous leurs pyramides en fleurs, les acacias mêlaient, dans les campagnes languedociennes ensoleillées et embaumées comme le miel qui coule des chênes virgiliens, le friand albâtre de leurs pétales et leurs émanations ébriantes, aux parfums de la sauge, du thym, de la lavande et de l'antique romarin, orgueil de nos garrigues cévenoles.

Après Marignan et la victoire du roi, qui,

> ...Les mains de sang trempées,
> N'avait plus qu'un tronçon de trois grandes épées...

après le tournoi du Camp du Drap d'Or ; après Pavie, — « de toutes choses, ne m'est demeuré que l'honneur et la vie, qui est sauve » ; — après les fêtes artistiques où le spirituel Triboulet — « fol qui s'y fie ! » — amusait, infortuné Rigoletto ! de ses lazzis et de ses bouffonneries rancunières, les frivolités d'un prince d'autant plus amoureux des arts qu'il était moins propre aux femmes, et dont on sait le mot à Cellini : « Je t'étoufferai dans l'or » ; après le trépassement, en 1536, de suites de tuberculose et non de l'arsenic de Montecuculli, du pauvre petit Dauphin François, enseveli dans les caveaux de Saint-Denis, étroitement enveloppé, comme le grand Charlemagne, dans une vaste nappe de cerf, l'élégant François Ier, au cerveau imprégné de cette quintessence de parisine dont Roqueplan donna jadis l'analyse, à la physionomie fière et ouverte, mais

toujours plume au vent, malgré la malédiction du père de
Diane de Poitiers :

« Vous avez mal agi, vous avez mal fait, Sire. »
François Iᵉʳ, disons-nous, était encore en guerre avec le
fils de Jeanne la Folle, le roux Charles-Quint, prognathe et
bègue, atteint de « césarite » aiguë, chef, à trente-sept ans,
de la Maison d'Autriche, d'Allemagne, d'Espagne, et maître
d'un Empire où « le soleil ne se couchait jamais. »
« Quic en groigne : ainsi sera ! »
C'était le plaisir, pour nous servir de l'expression bour-
guignonne de la fière et superbe reine Anne de Bretagne,
c'était la volonté suprême des deux Césars, trapus, omni-
potents et coiffés également du casque plombique de la
neurasthénie.

Ils étaient nimbés par la couronne de la terrible maladie
épidémique des XVᵉ et XVIᵉ siècles, l'Avarie (1) — puis-

(1) Existant de toute éternité, puisque les recherches de Parrot
signalent des altérations syphilitiques sur les os de l'homme préhisto-
rique, l'Avarie fut connue des Chinois 2.637 ans avant J.-C., des Indiens,
des Grecs, des Romains, des Juifs, et la maladie qui terrassa Job sur
son fumier ne fut autre que la syphilis. Son apparition en Europe date
de 1493, et, en France, de mai 1496, coïncidant avec l'entrée de Charles
VII à Naples. L'affection que les Français nommaient Mal Italien et les
Italiens Mal Français, ne fut reconnue d'une façon exacte que par Fernel,
médecin du roi Henri II, et décrite par Fracastor. Charles VIII fut
frappé un des premiers. Léon X ne le fut que plus tard, car la grande
maladie gagna les plus purs comme les plus abstinents, et, lorsque le
bouffon colossal, Rabelais, qui était médecin, en 1535, des maladies
vénériennes à l'hôpital du Pont-du-Rhône de Lyon, fit la dédicace de
son livre l'*Antiphisis* (l'envers de la nature), à ce genre de malades, il
le dédia à M. tout le monde.
Au moment précis où se fermaient les antiques léproseries du moyen
âge, allaient s'ouvrir les hospices des vénériens.
Pour ce qui concerne François Iᵉʳ, il dut son mal, d'après Mézeray,
à la traîtrise d'un moine espagnol, aumônier des troupes de Charles-
Quint, qui pour venger le catholicisme des secrètes complaisances du
roi de France envers les Luthériens, suggéra l'idée diabolique d'user de
représailles vénériennes, envers le monarque qui l'avait si ridicule-
ment popularisé, au mari de la Belle Ferronnière, qui portait au front
un bijou d'or retenu par une chaînette, d'où son surnom.

Portrait de la Belle Ferronnière

qu'il ne faut pas l'appeler par son nom, — comme Henri VIII d'Angleterre, infecté, dit-on, par la dangereuse haleine du cardinal Volsey, comme le capitan-bacha des Turcs, amiral de Soliman et roi d'Alger, le fameux Barberousse, qui offrit à l'amant de la Belle Ferronnière les pilules de vif-argent qui portent encore son nom, comme Borgia, comme l'encyclopédiste Pic de la Mirandole... J'en passe et des plus vénérés!

> V..... a ses douleurs à nulle autre pareilles !
>   François a beau crier,
> La Belle Ferronnière se bouche les oreilles
>   Et le laisse pleurer.
> Charles, au Luxembourg, où le lambris le couvre,
>   Est sujet à sa loi,
> Et Triboulet, qui veille aux barrières du Louvre,
>   N'en défend pas le Roi !

Chauves et bègues, par perte de la luette, les deux monarques n'avaient donc rien à se reprocher, au triple point de vue: physique, intellectuel et moral. A eux, surtout, devaient s'appliquer les dernières paroles du malheureux aveugle, Œdipe, le roi détrôné: « Nul ne peut affirmer avoir été heureux, tant que sa vie n'est pas terminée. »

François Ier, dont l'armure, faussée à Marignan et à Pavie, de coups de pique et de coups de feu, témoigné de l'effet que devait produire ce magnifique homme d'armes, comparable au beau Charlemagne, et qui avait une stature dépassant de la tête celle du roi Louis XIV, François Ier était traité, dès le début, par Gunter d'Andernach, antimercurialiste convaincu, qui saturait le roi de gayac et lui persuadait qu'il était entièrement rétabli:

> Gayac m'a refait,
> En 1536, tout à fait.

Ce qui n'empêcha pas l'amant de la Belle Ferronnière et de la duchesse d'Etampes de mourir, onze ans plus tard, horriblement bouffi par la griffe de l'indélébile affection, ainsi qu'en témoignent ses derniers portraits et le célèbre tercet :

> L'an quinze cent quarante-sept,
> François mourut à Rambouillet
> De la v..... qu'il avait !

Quant à Charles-Quint, qui s'était orgueilleusement oublié à Rome, en 1536, en insultant la France dans une harangue de deux mortelles heures de durée pour notre ambassadeur Du Bellay, décrépit, les dents branlantes et tremblantes, plus rouillé que « la claveure d'un vieil charnier », oint et engraissé, tout reluisant d'onguent napolitain, il fut doctement hydrargyrisé par son médecin, ancien prosecteur de l'École de Paris, André Vésale, qui mourut misérablement de faim, exilé dans une île déserte, accusé d'avoir autopsié (1) un sujet dont le cœur battait encore.

(1) L'anatomiste de Quaresmeprenant, Rabelais, avait fait des cours publics d'anatomie, longtemps après le fondateur de la science chirurgicale au XIVᵉ siècle, Guy de Chauliac, ce Christophe Colomb lozérien de l'anatomie, et bien avant Vésale qui, en 1543, avait entrevu la circulation sanguine, découverte en partie, en 1553, par le précurseur de Harvey, l'infortuné Servet, qui, dénoncé par Calvin et brûlé vif à Champel, près de Genève, paya de sa vie l'annonce d'une sublime vérité.

La mémorable leçon de Rabelais, de 1536, sur le cadavre d'un pendu, fut une fête scientifique pour Montpellier.

A cette époque, c'était avec peine qu'on accordait la permission de disséquer le corps humain, puisqu'à la fin du XIVᵉ siècle l'École de Montpellier ne disséquait que deux cadavres par an.

Cent ans après, les professeurs n'ouvraient pas même annuellement une demi-douzaine de corps. Il n'en est plus ainsi de nos jours et si, vers 1827, Alfred de Musset s'évada de la médecine qu'il commençait à étudier, ce n'est pas à cause du manque de cadavres.

Comme il l'avoue, dans un de ses premiers essais littéraires, la traduction de l'ouvrage de Thomas de Quincey : « Les confessions d'un Anglais mangeur d'opium », l'étude de l'anatomie produisit sur son organisme une si fâcheuse impression, qu'il dut y renoncer et qu'il eût « préféré enlever la reine de Portugal que de faire de l'anatomie ».

A l'École de Salerne (royaume de Naples), qui datait des premiers siècles de notre ère, et était connue par un poème latin de préceptes hygiéniques (il ressemble aux *Aphorismes* d'Hippocrate) dédié au roi d'Angleterre, Guillaume, duc de Normandie, qui s'arrêta à Salerne pour s'y faire soigner, à son retour de la croisade ; à Salerne, l'anatomie fut d'abord enseignée au moyen d'examens sur les cochons (ce sont les animaux qui ressemblent le plus à l'homme) et les dissections humaines n'apparurent qu'à la fin du XIIIᵉ siècle.

Défendues par Monseigneur de Montmorency, connétable et maréchal de France, les limites de la Province
languedocienne étaient, comme les plaines provençales,
pillées, dévastées, brûlées et empoisonnées par les deux
armées belligérantes, qui atteignaient en horreur les prou-
esses légendaires de Samson, libérateur des Juifs, détruisant
les temples d'un coup d'épaule, emportant dans ses bras
les lourdes portes de Gaza et tuant mille Philistins avec
une mâchoire d'âne ! Le malheur était à son comble.

Cependant, l'ancien moine cordelier, qui avait fait vœu
d'ignorance encore plus que de religion, aussi bon pré-
dicateur, pendant ses quinze années de moinage, que
piocheur acharné des mathématiques, du droit, de la médecine, de l'astronomie, des langues, et surtout des litté-
ratures grecque et latine, le docte et gentil Rabelais, « saige
home d'honorable compaignie », possesseur du Trivium,
du Quadrivium, du Baccalauréat et de la Licence (1) domes-
tique et protégé des puissants familiers du Roi, les Du Bellay,
devait, en ceste belle jornée, pour l'honneur de son lignaige,
estre reçu Docteur en Médecine, avec le droit d'exercer
son art « Hic et ubique terrarum ».

La veille, au moment où, sous les lambris des châteaux
assiégés, dos au feu et ventre à table, les Janspill'hommes
autrichiens humaient le jus divin de la purée septembrale
et se délectaient de la poule au pot entourée de délicieux
harnois de gueule ; tandis qu'enfumé dans sa turne, Jacques
Bonhomme choppinait le benoist et désiré piot et mangeait

---

(1) Rabelais, venu à Montpellier en 1530, à l'âge de 35 ans, se fit
inscrire à l'École de Médecine.

Voici l'acte authentique de son immatriculation, écrit de sa main sur
les registres de la Faculté : « Ego Franciscus Rabelœsius, Chinonensis,
diocesis Turonensis, huc adpuli studiorum medecinæ gratiâ, delogique
mihi in patrem egregium dominum Joannem Scurronem, doctorem
regentemque in hac alma Universitate. Polliceor autem me omnia
observatorum quæ in predicta medicinæ Facultate statuuntur et obser-
vari solent abiis qui nomen bona fide dedere ; juramento, ut moris est,
prestito ; adscriptique nomen meum manu propria. Die 16 mensis sep-
tembris, anno Domini 1530. Rabelœsius. »

en silence sa « soupe de choux verds, avec une couane de lard rance et un vieil savorados (1) »; pendant que les archers abaissaient les herses, au tintement du couvre-feu, et boutaient les chaînes devant les portes bardées de fer, les gros bourdons des églises, faisant de Montpellier la sapiente, à l'instar de la cléricale Avignon, une cité sonnante par excellence, avaient annoncé, urbi et orbi, que l'Acte de Triomphe de Rabelais aurait lieu le lendemain à l'Eglise Saint-Firmin, disparue depuis et reconstituée sous le nom de Notre-Dame des Tables !

Selon l'usage, le futur Docteur avait donné, ce soir-là, une sérénade de trompettes, fifres et violons, à tous les médecins, chirurgiens et apothicaires de Montpellier !

Adoncques, « sus l'heure où la Joyeuse Aurore aux doigts rosatz déchasse les ténèbres nocturnes », l'entrée de la Faculté, vieux couvent de Bénédictins fondé par le pape lozérien, Urbain V, et dont les sommets crénelés étaient déjà dorés par les baisers amoureux du soleil, avait été tapissée de draperies sarrazinoises représentant, entre autres sujets, Roland se rompant à Roncevaux les veines du cou, à force de sonner de l'olifant, et enguirlandée, en forme d'arc-en-ciel, de laurier, de chêne, de gui symbolique — au gui l'an neuf — de houx aux baies de corail, d'immortelles et de fleurs de toutes les colorations et de toutes les espèces.

Un superbe May, un peuplier (l'arbre du peuple), resplendissant de rubans multicolores, s'élevait à côté de l'école, orné d'un écusson d'argent portant l'effigie de Rabelais, avec cette inscription :

Les Escholiers de Montpellier à François Rabelais.

> Gloire au Docteur de ce jour,
> A son esprit ! à son humour !
> Cœur frondeur au doux sourire,
> Combien est puissant votre empire !
> Vous guérissez tout ici-bas
> Et tout manque où vous n'êtes pas !

(1) *Savorados*. Os creux que les pauvres gens mettaient dans leur soupe pour lui donner de la saveur et qui servait longtemps à cet usage.

Un autre May se dressait sur la Place de la Canourgue, en face de la vieille maison des États du Languedoc, près de laquelle, pense-t-on, habita Rabelais.

La rue était jonchée de roses de Provins (1), belles fleurs portées de Jérusalem en doulce France, à l'époque des Croisades, par le Comte de Brie, et dont la coloration écarlate (signe de dévouement), devait être pour Rabelais un remerciement, un guerdon tacite des Montpelliérains et lui rappeler, en même temps, la fleur chérie de sa benoiste Touraine, ce parterre de France, si renommé par les beuveries enchanteresses et la bonne humeur des habitants.

Le rude compagnon d'armes de Henri IV, poète au style imagé et violent, Théodore Agrippa d'Aubigné, grand-père de Mme de Maintenon, n'a-t-il pas dit autrefois et avec justesse :

« La Rose du printemps est plus qu'une autre exquise? »

Et le Jardin des Plantes ou du Roy — le plus vieux d'Europe, bien qu'il n'existe officiellement que depuis 1593, tandis que celui de Paris ne fut organisé que vers 1640, par le médecin de Louis XIII, Guy de Labrosse, — n'était-il pas en voie de formation, à deux pas, embaumé, sous ses luxuriants ombrages, de troublantes senteurs, égayé du pépiement des nids et peuplé, jusque dans les buissons fleuris, des flûtistes les plus endiablés du quartier

(1) Le culte des roses était tellement en honneur au XVI⁰ siècle, que Ronsard raffolait de ces fleurs, qu'il se plaisait à cueillir, au pré Vendômois, de sa main élégante et toujours gantée. Bayle raconte qu'à la naissance du grand poète, la nourrice qui le portait à l'église le laissa choir sur un parterre de roses, et que l'honneste dame qui escortait le cortège, un grand vase d'eau de roses en main, suivant le protocole de cette époque, en répandit, effrayée, le contenu suavement odorant, sur le mignon nouveau-né. Cet accident fut considéré, par l'assistance, comme un heureux présage de l'excellent parfum que devaient un jour répandre les œuvres du poète.

Cette prédiction fut tellement vraie, que Ronsard ne cessa de chanter, plus tard, les roses, et que Marie-Stuart, enchantée de lire les vers immortels qu'il avait écrits à leur sujet, lui fit cadeau d'un superbe rosier d'argent qui coûtait 2.000 écus.

latin : rossignolets du bois sauvage et merles moqueurs tout de noir habillés ?

Le Porche de Saint-Firmin arborait aussi, parmi ses feuilles d'acanthe, ses branches d'olivier (la paix), ses bouquets de violettes, ses lys mystiques de légende et de foi, les armoiries épiscopales de l'Evèque de Maguelone, dont le siège venait d'être transféré à Montpellier.

Les Universitaires étaient en liesse.

Des Escholiers, coiffés de toques et en habit de soie, des gens du peuple, revêtus de justaucorps, des chevaliers bardés de fer, la Durandal au côté, des hallebardiers casqués de salades étincelantes, des Suisses à bedaines dorées, des artilleurs alourdis par leurs rapières, de jeunes damoiseaux en maillots et en justaucorps couleur de pêche et pourpoint clair avec fourrures, stationnaient déjà devant l'école, lorsqu'on vit tout à coup sortir du vieil édifice, où flottait l'étendard fleurdelysé, la magnifique procession, se rendant à la Maison de Dieu, qui se trouvait au diable, à l'Ile Saint-Firmin. Il était 8 heures 1/2 aux cadrans solaires, clepsydres antiques ou sabliers de Montpellier.

LA PROCESSION HIPPOCRATIQUE

Très embesognée à percer la foule, la procession était précédée d'un guidon de vingt-six lansquenets, grognards à moustaches grises, plastronnant, sous les ordres d'un capitaine, avec une grande magnificence, la pertuisane au poing.

En tête, à côté du Fauconnier, qui tenait sur le poing gauche son oyseau orné d'une belle vervelle en cuivre rouge, et encapuchonné d'un chaperon pourpré, marchaient les trompettes, clairons, ménétriers et cornemuseux, faisant tour à tour retentir les échos de la ville de la célèbre « Marche des Soldats », de Robert Bruce (XIVᵉ siècle), au son de laquelle Jeanne d'Arc fut accueillie à Orléans, et des vieux airs de bienvenue, aux accords harmonieux de la viole, de la mandoline, de la flûte et du hautbois.

> Sonnez, cornemusettes !
> L'Acte de Triomphe est une Feste
> Pour les Docteurs, pour les Amys,
> Les Escholiers de ce pays.

C'était très gentil.

Comme un Recteur suivi des quatre Facultés, le Massier (c'était Hercule !) venait après, seul, superbe, impassible et digne dans sa longue robe noire surmontée d'un immense rabat blanc.

Couvert ainsi qu'un Grand d'Espagne, il était armé de la massue d'argent où s'enlace le serpent, signe de la prudence.

Derrière le Massier, accompagné du premier Consul vêtu de rouge avec des parements noirs, s'avançait François Rabelais, au crâne puissant, au front large et orné de bosses frontales, la gauche surtout, des plus proéminentes, au nez très fort, à la romaine, tombant sur des lèvres sensuelles. Ses grands yeux scrutateurs étaient en rapport avec l'extrème développement de son cerveau (1). D'une beauté olympienne de dieu grec, il avait des traits accentués dont l'expression, un peu rude, se trouvait tempérée par l'éclat humide d'un regard d'une douceur pénétrante et le charme d'un gracieux sourire. L'angle facial était presque droit, comme celui de l'Apollon du Belvédère.

Agé de 45 ans, « de corsage hault et bien formé, gros bras et beaulx membres, droit et lé par les espaules », Rabe-

---

(1) On peut diviser le cerveau en trois parties : cerveau antérieur siège de la pensée, cerveau moyen ou pariétal, siège de l'action, et cerveau postérieur, siège du sentiment.

Chez Rabelais, ces trois territoires se faisaient équilibre ; aussi était-il une forte... tête, comme Cuvier et Lord Byron, dont les encephales pesaient 1.829 et 2.138 grammes, tandis que Voltaire n'avait qu'une petite tête, et que le cerveau de Gambetta atteiguit à peine 1.246 gr., le poids moyen de l'encéphale humain étant de 1.323 grammes.

2

lais portait une barbe agrémentée déjà de quelques filets argentins.

Revêtu de chausses blanches, d'un pourpoint d'hermine (l'innocence), chaussé d'escarpins en velours, testonné du bonnet doctoral, bien espousseté et bien tiré, son torse était drapé dans la célèbre Robe Rouge (1) à larges manches, avec un collet de velours noir et un petit capuchon.

Il manquait cependant à sa tenue, si correcte et qui lui seyait à souhait, un fin « mouchenez ou esmouchoir » de Cambrai, vignette couleur rouge, avec les deux initiales F. R., brodées au coin ; mais alors, cet hygiénique morceau de linge qu'est le mouchoir de poche (2), dont le czar Pierre le Grand faisait encore fi en 1697, puisqu'il se moucha continuellement dans ses doigts, lors de son premier voyage en France, n'était pas encore inventé, et

(1) Reçu bachelier par dispense spéciale, c'est le 1ᵉʳ nov. 1530 que Rabelais revêtit, pour se conformer à l'antique cérémonial en vigueur, la robe des bacheliers. Cette robe fut dénommée, depuis, robe de Rabelais. Le fétichisme des étudiants pour Rabelais devint tel par la suite, que chacun d'eux coupait et emportait à la dérobée un morceau de la robe rabelaisienne. Réduite, en 1600, à une sorte de tunique atteignant à peine la ceinture du candidat, Ranchin François la remplaça. Elle n'en continua pas moins à s'appeler robe de Rabelais, et s'en alla par morceaux. Il fallut encore la remplacer en 1720. Cette troisième robe partagea l'infortune ou plutôt la fortune de ses devancières.

(2) Le mouchoir ne fut pas plus connu à Athènes qu'à Rome, puisque l'Athénien Probus « ne se mouchait pas dans ses doigts, parce qu'il avait le nez trop long », tandis que, si l'on s'en rapporte à Martial (Épigr. VII, 37), c'était une habitude générale dans la Ville Éternelle, sous les Césars, de se moucher dans les doigts.

Selon Tacite (Annales XVI, 4), l'empereur romain Néron, après s'être essuyé le visage en sueur et non le nez, avec une cravate de laine, enroulait cette dernière autour de son cou, pour se garantir du froid.

Les mouchoirs de poche, après avoir fait leur apparition à Venise, en 1540, sous le nom de fazzoletti, et, de là, franchi les Alpes pour être adoptés par la cour de Henri II, ne furent réellement utilisés que vers 1553, époque où le nîmois Jean Nicot, ambassadeur du Portugal, reçut d'un marchand flamand, venant d'Amérique, la graine du Petun, inconnu jusqu'alors en France, et qu'on nomma depuis *nicotiana tabacum*, ou tabac.

Rabelais (Dieu le bénisse!), comme le commun des mortels, se mouchait, ad libitum, dans ses doigts — duobus digitis — sur ses manches ou à son bonnet, car :

> Ce temps fut que, sans grand respect,
> On laschoit à table le ...,
> Et qu'on se mouschoit à la nappe !
> (SAINT GEL., 75).

Schoking ! most schoking ! Ses tablettes, en cuir de Cordoue, portaient le sceau montpelliérain, embelli d'une belle jeune fille (sigillum unversitatis Montispessulani) et étaient placées dans sa ceinture.

Après Rabelais se prélassaient, Doyen en tête, les Régents, doctoralement drapés dans leur robe écarlate, dont ils ne tiraient pas les manches, démesurément longues, avec les dents, comme avait coutume de le faire le célèbre général Jules César, pour le manteau de pourpre — la saie romaine — qu'il portait sous les pluies de la Gaule gothique.

Les nombreux étudiants : grecs, arabes, espagnols et égyptiens, sous la bannière de l'Université de Montpellier : « Scientia et Patria », les internes de St-Éloi, tenant en main les anciens sceaux de la Faculté, les carabins, les poutringaïres, les purgons, les diafoirus du plan de l'Olm, des rues des Esquilles et Bec-de-lièvre, les nobles dames et les demoiselles, pourvues de missels allégoriques et enluminés de belles imayges et miniatures, terminaient ce cortège enthousiaste, flatteur et plein d'admiration pour le sympathique Docteur.

Dans cette marche triomphale, le joyeux Alcofibras (1),

(1) En 1531, Rabelais se trouvait à Paris, chargé par les professeurs de Montpellier de réclamer, auprès de François I⁵ʳ, la réouverture du collège de Girone, fermé depuis longtemps et qui entretenait auparavant deux étudiants en médecine, nés à Girone. comme le faisait aussi le Gévaudan, grâce au pape Urbain V, pour quelques pauvres étudiants. Ne parvenant pas à obtenir une audience du chancelier Duprat, voici le stratagème qu'employa Rabelais : il alla se promener devant l'hôtel du ministre, sur le quai des Augustins, dans un costume des plus étranges. Les badauds s'étant attroupés, Duprat voulut savoir ce qui se passait et

bon mangeur, grand buveur, sachant rire — c'est le propre de l'homme — et chanter à pleine « gueule » des plus basses profondeurs de son ventre réjoui, au grand dam des abstracteurs de quintessences, Alcofibras, pâle et défait, paraissait aussi triste que l'immortel florentin Pétrarque, inconsolable et pleurant sans cesse, à Vérone comme à la fontaine de Vaucluse, sa belle Laure de Noves, entrevue pour la première fois en Avignon, derrière les piliers de l'église des Cordeliers. *O aspettata in ciel beata, e bella!*

Le front rembruni, il semblait préoccupé, pareil au sombre et mélancolique héros de Shakespeare, Hamlet, prince de Jutland.

Mourir, dormir... rêver peut-être ?

Pensait-il au problème de ce redoutable passage vers la rive inconnue où nous attend un mystérieux nautonier et à l'insondable demain ?

Demain, dis-tu ? qui sait où nous serons demain ?.....
L'avenir est à Dieu, le temps est dans sa main.....

Était-il malade ? lui, le plus viril des prosateurs du XVIe siècle, tandis qu'Amyot ne cessait de gémir dans sa puérile naïveté, que Montaigne doutait de lui-même, préoccupé surtout de son incurable neurasthénie, et que le grand réformateur Calvin, qui, d'un commun accord avec le pape, venait de dénoncer à l'Inquisition une des plus étincelantes lumières de la Renaissance, Michel Servet, n'était qu'un pur esprit dont l'ardente flamme dévorait l'enveloppe terrestre ?

Réfléchissait-il aux âneries familières à ces éminents médecins à robe longue qui l'escortaient et qui, à cette

envoya quelqu'un demander à l'inconnu son état et son nom. « Je suis l'écorcheur des veaux », répondit Rabelais, mécontent. Le chancelier envoya un de ses pages auprès du promeneur. Ce dernier répondit en latin Le page alla chercher une personne sachant cette langue. Rabelais lui parla grec. Un helléniste étant accouru, Rabelais s'exprima en espagnol : nouvel interprète, à qui Rabelais répond en italien, puis en anglais, allemand et hébreu. Le ministre, fortement intrigué d'une telle science linguistique, demanda à voir Rabelais, le reçut admirablement et lui accorda tout ce qu'il demandait.

époque où la scholastique avait mis en vogue le goût de la dispuste, dissertaient encore sur des niaiseries, ainsi qu'au moyen âge, où les savants perdaient leur peu de latin de cuisine à discuter gravement si le Christ était né homme ou femme, si Adam avait ou non un nombril et si, lorsqu'un paysan mène un porc au marché, c'est l'homme ou la corde qui conduit le bourguignon ? *Risum teneatis amici !*

Comme l'a certifié Voltaire au sujet des prêtres : « Les Docteurs n'étaient pas ce qu'un vain peuple pense. »

Très susceptibles, les fils d'Esculape passaient leur temps à se jalouser, et continuellement, comme dans la « Slim-mimachie » du père Carneau,

> C'étaient combats de médecins !
> Leurs tambours étaient des bassins ;
> Leurs seringues, grosses bombardes,
> Leurs bâtons de canne, hallebardes,
> Leurs lancettes, de bons poignards,
> Leurs feuilles de séné, pétards…

Était-il donc amoureux une deuxième fois, ce débauché (dans ses vers seulement), qui professait une indifférence, apparente peut-être, pour « l'odor di femina » des frisques Montpelliéraines au teint bruni ?

Pensait-il à sa mère, dont il n'est fait mention nulle part, ou à son cher fils Théodule (serviteur de Dieu), qu'il reconnut, et qui ne vécut, hélas ! comme les roses, que « l'espace d'un matin ? »

Craignait-il d'ètre aussi brutalemement arrêté que le professeur Caturne, brûlé vif à Toulouse, l'an 1532, rempli d'une amère verve indignée et dont l'infâme condamnation ne précéda que de quelques années celles d'Étienne Dolet et de Michel Servet, déshonorés et brûlés à leur tour, le premier, pour avoir attaqué les légistes et le clergé, le second, comme hérétique, parce qu'il ne visait à rien moins qu'à la reconstitution du Christianisme primitif ?

Déchiffrer les énigmes de la science, arracher à la maladie et à la mort ses terribles secrets, s'épuiser aux recherches les plus ingrates et se vouer enfin, corps et âme, à la passionnante étude de cet art divin, la Médecine, qui n'était à cette époque qu'un sublime chant dont les strophes apaisaient les malades, comme la poésie berce la misère humaine, telle avait été cependant sa seule culpabilité et son unique ambition de savant !

Se souvenait-il du redoutable *in pace* dont l'avait menacé le cardinal de Tournon, qui jugeait ses épîtres subversives (son *Gargantua* surtout — sitio ! — daté de l'époque où François Ier frappa les vins d'un impôt qui révolta les Lyonnais), et n'avait lâché sa proie qu'en considération pour l'ami de Rabelais, le cardinal du Bellay, heureux époux de madame de Châtillon, gouvernante de la perle des Valois, cette belle reine Marguerite qui était née pour l'amour céleste, comme l'a si gentiment affirmé Rabelais dans une poésie très flatteuse pour la sœur du roi de France.

Non, personne ne saura ce qui se passa le jour de l'Acte de Triomphe dans la «gibissière de l'entendement» du Voltaire de l'époque, ce précurseur de Molière, qui allait, nouveau Dante, révolutionner le vieux monde où on sentait quelque chose de pourri, par des écrits que n'auraient désavoués ni le solitaire de Ferney, ni Jean-Jacques Rousseau, qui s'inspira peut-être de *Gargantua* et de *Pantagruel* dans son *Emile* lacéré et brûlé le 11 juin 1762, sur la place publique de Genève, par le bourreau de la libérale Helvétie !

Ainsi que l'a écrit l'auteur des *Caractères*, en parlant des pages de Rabelais qui, sous une allure ironique et légère, n'en sont pas moins les chants sublimes de la renaissance, aini que l'a écrit La Bruyère, au sujet de ces œuvres immortelles où il trouvait « la sagesse la plus haute et la plus exquise à côté d'inexcusables ordures », cet homme n'était qu'une énigme pour la postérité. Oui, La Bruyère, Rabelais, votre père spirituel, ne fut qu'une énigme pour les sphinx de votre grand siècle de génuflexions hypocrites ou de messes noires puéricides et montespanesques ! Je vous fais cette concession.

La postérité reconnaissante n'a pas oublié toutefois que le bon médecin chinonais dont la devise était celle de Charles Richet: « Le mal, c'est la douleur d'autrui », fit toujours partie de la noble conspiration de ceux qui souffrent et de ceux qui savent souffrir de la souffrance d'autrui, ne s'abaissant jamais à être que le courtisan du malheur.

Ce n'est pas lui qui aurait flagorné l'ignorance de Louis XIV — à peine un peu plus lettré que le maréchal de Villars qui ne savait pas lire ni écrire, ou que le vainqueur de Fontenoy, Maurice de Saxe, qui ne connaissait pas deux traîtres mots d'orthographe — comme cet abbé de Pradt qui, ruisselant de pluie, abordait un jour diluvien le Grand Roi, en lui disant avec un salut jusqu'à terre, cette phrase dégoûtante de platventrisme: « Sire, l'eau de Marly ne mouille pas ! »

Dans tous les cas, avant de gratifier le travail colossal du Maître d'une inexcusable épithète, vous auriez bien dû relire, ô vous, La Bruyère, le malicieux critique des écrivains qui, « drus et forts du bon lait qu'ils ont sucé, battent leur nourrice », vous auriez mieux fait de relire les odes badines du vertueux Horace, et St Augustin même, disant à ses lecteurs naturalistes :

« Si mes écrits scandalisent quelque personne impudique, qu'elle en accuse plutôt sa turpitude que les paroles que je fus contraint d'user pour expliquer ma pensée. »

Est-ce que le poème didactique du familier de Mécène, Virgile, intitulé *Les Géorgiques*, qui, dans une perfection littéraire continue, renferme les plus belles leçons d'agriculture, n'est pas, en certains passages, aussi grivois que le livre matérialiste de l'épicurien Lucrèce, où de précieuses notions de physique sont exposées, avec le souffle puissant et sublime qui caractérise le « De natura rerum » ?

Nous ne parlons pas, bien entendu, de l'*Aphrodite* de Pierre Louys qui, malgré son style enchanteur, n'est en somme que l'une des productions les mieux corrompues de ces dernières années. Autres temps, autres livres !

Nous ne saurions trop le proclamer ici : la face mâle et hautaine de Rabelais ne ressemble en rien à la figure de cet Hercule qui « n'entrait dans les écuries d'Augias que pour y ajouter ». Cette parole célèbre nous dispense, comme le répète l'Agamemnon... d'Offenbach, d'en dire plus long.

L'ANE COCULAIRE DU CLAPAS

Hinham ! Hinham ! Hinham ! Coucou ! Coucou ! Coucou !

Respectueusement saluée sur son parcours, la procession moyenâgeuse arrivait en face du parvis de l'église Saint-Firmin, quand soudain — *rideo referens* — paraît un être vivant, frappé d'immobilité et têtu, arrêtant brusquement le cortège.

« Ce pelé, ce galeux, d'où venait tout le mal », n'était ni mule, ni mulet, ni cheval, ni bête à corne placide et résignée.

D'une irrégularité d'humeur proverbiale, vêtu de bure comme un moine, sobre par nécessité, mais gourmand quand même, puisqu'en tondant les chardons la longueur de sa langue, il révéla aux Brillat-Savarins de son époque les secrètes vertus de l'artichaut (1), chardon perfectionné qui, d'après le Fantasio de Musset, s'inonde de belle sauce verte dans les plats d'argent des évêques, l'Arcadique animal représentait dans l'échelle zoologique un Asne phallophore, sycophage et bourru.

Comme il fait bon ouïr les notes mélodieuses de ses joyeux braiements et de sa musique wagnérienne !

Écoutez plutôt : Hinham ! Hinham ! Hinham !

(1) On attribue à Rabelais, botaniste, l'introduction en France, lors de son deuxième voyage à Rome, en 1535, avec Jean du Bellay, qui venait de recevoir le chapeau de cardinal, du melon, de la laitue romaine, des œillets d'Alexandrie et du condiment-saumure, le garum (de garus, petit poisson), préparé avec les liquides qui s'écoulaient des poissons salés (anchois probablement) et qu'on aromatisait fortement.

Quoique humble, il descend d'une illustre lignée.

Ses ancêtres favorisèrent la fuite de la vierge Isis emmenant avec elle le dieu païen Horus ; ils assistèrent à la naissance de Ieschou (Jésus) qu'ils réchauffèrent tout petit dans la crèche de Bethléem, et qu'ils portèrent avec sa mère, en Égypte d'abord, et, plus tard, à Jérusalem, à travers le champ historique de pois chiches (*lou sésériou*), méritant ainsi d'être gratifiés par le Créateur d'une belle croix noire sur le dos, pour leur dévouement en Palestine.

Autrefois et bien avant 1198, en souvenir de l'ânesse de Balaam, la messe de l'Ane (1) se célébrait dans les basiliques d'Autun, de Rouen et de Sens, où le clergé, au milieu de moult beuveries, introduisant dans le chœur de l'église un âne recouvert d'une magnifique chape, lui chantait, en faux-bourdon, la fameuse prose :

    Orientis partibus,

    Adventavit asinus,

dont le refrain, commun à toutes les strophes, était :

    Hé, sire asne, car chantez,

    Belle bouche, rechignez,

    Vous aurez du foin assez

    Et de l'avoine à plantez (à foison).

C'est dans la matinée de cette fête que le chanoine, dernier admis, recevait sur le corps, ainsi que plusieurs hommes nus, quelques seaux d'eau du puits du cloître.

A Beauvais, l'âne, que les chanoines recevaient à la porte de l'église, « tenentes singuli urnas vini plenas », la bouteille et un verre en main, promenait tous les ans, en grande pompe, une jeune fille tenant un enfant dans

---

(1) Le Missel de la Fête de l'Ane, composé au début du XIII⁰ siècle par l'Archevêque Pierre de Corbeil, se trouve dans le trésor de la cathédrale de Sens. Sa reliure consiste en un diptyque, c'est-à-dire en une double plaque d'ivoire sculpté qui représente un remarquable échantillon des scènes de la mythologie gallo-romaine : « Le Triomphe de Bacchus Hélios ». Ce manuscrit sur parchemin, connu sous le nom de Missel des Fous, est un in-folio dont les lignes du texte sont tracées à la mine de plomb, et les barres de musique, les rubriques ainsi que les lettres capitales de chaque morceau, rouges.

Il est incontestablement du XIII⁰ siècle.

ses bras, pour figurer la fuite en Égypte, tandis que la populace entonnait sous la voûte de la cathédrale des premiers siècles de foi robuste et naïve, le refrain légendaire: Hinham ! Hinham ! Hinham !

Et son portrait n'est-il pas dessiné sur les murs de l'église de Chartres ? Il avait donc le droit, ce bourriquet, un Montmorencien peut-être, de s'arrêter et de reposer ses vieux membres meurtris et ankylosés, en face de notre sainte mère l'Église.

Antoine TROUBAT, del^t.

Ses banastes n'étaient pas chargées, comme celles de l'âne indécis de Buridan, de boisseaux d'avoine ; elles avaient été remplacées par une grossière bardelle.

Suivant l'arrêt de la Cour Coculaire (1), le roussin

(1) Les Cours Coculaires du passé étaient des tribunaux érigés par des farceurs qui connaissaient les lunes rousses de ménages mal assortis, et se donnaient la mission de juger l'adultère. Le mot de cocu tire son origine du latin coculus, coucou, oiseau sans gêne qui dépose son œuf dans le nid de la fauvette, et lui confie le soin de l'éclosion.

Mais pourquoi ce nom injurieux pour l'outragé, tandis que le coupable reste indemne de toute épithète malsonnante ? Injustice et mystère !

La vignette de l'âne est due à la plume experte de M. Antoine Troubat, le très distingué fils de l'éminent auteur de l'*Essai sur les Cours Coculaires*, Jules Troubat, ce vétéran de la littérature — comme l'a si justement qualifié Lucien Duc — qui puisa auprès de Sainte-Beuve, dont il fut le secrétaire et l'ami, le goût de la critique littéraire et la science de l'érudition.

d'Arcadie portait un vieil auvergnat, encore beau, bien qu'ivrogne, grand embracheur des femmes des autres, et qui, pour avoir été surpris, flagrante delicto, cornifibilisant avec une certaine dame Putiphar, sa chaste épouse, qui l'avait pour cette suprême injure estrillé et magistralement frotté, avait été condamné à être triomphalement chevauché tout le jour, à rebours sur la barde d'un ministre à longues oreilles, par ses deux voisins : Joseph Putiphar le cocufié, sans doute, et un de ses amis, Gengoul.

Maître Aliboron avait le chef orné de deux rondelles en cuivre dont on parait les bêtes de somme, à cette époque où elles étaient en Languedoc le seul mode de transport usité par nos pères; mais l'irascible Auvergnat s'était empressé de les faire disparaître.

Sur l'une, représentant le patron des cornards, Saint Arnoux, bénissant un mari affligé, était tracée cette sentence un tantinet pironienne :

> Aimez les saints, aimez les roses,
> Aimez l'honneur sur toutes choses.

On lisait sur l'autre ce quatrain :

> Si Fouchtra s'était respecté
> Au temps de sa jeunesse folle,
> Et à bonnes mœurs dédié,
> Il eût repos et selle molle.

Le cornard qui dirigeait l'âne coculaire, en sa qualité de voisin de la femme cornette, dont le secret désir était de rendre à l'infidèle enfant de Chaint-Flour la monnaie de sa pièce, le cornard hirsute, légèrement éméché, d'une forte carrure, vêtu de cadix jaune — couleur symbolique — une plume de coq au chapeau, scrutait, immobile et inquiet, l'horizon. Son compagnon, « grand-père du beau cousin de la sœur aisnée de la tante du gendre de l'oncle de la bru de sa belle-mère », coiffé du bonnet d'âne, était également habillé de jaune et portait un soufflet.

Mais l'âne refuse toujours d'avancer.

C'est en vain qu'on le frappe ; sa réponse est la même :
Hinham ! Hinham ! Hinham !

Cependant le cortège attend dans une anxieuse patience.
Le massier vient de fendre la foule.

Boudiéu, boudiéu ! Pecaïre ! Que va-t-il donc se passer ?

Tchaval ! zou, viro toun ase !.. crie-t-il, jetant au bourriquier « un regard de costé, comme un chien qui emporte
un plumail. » (1)

M...o ! viro lou tiou ! répondit le Cambronne mal embouché de la vallée du Merdançon, tant il est vrai que,
dans ce bas monde, il n'y a pas plus de grand homme pour
un ânier que pour un médecin.

— *Manjo, Cournalias !...* détona, trémulant ses lèvres
« comme les lapins mangeans avoine en herbe », d'une voix
barytonnante qui était sans réplique, le Massier, ahuri et
courbant pour la première fois sa tête presque professorale,
sous l'outrage immérité qu'on venait d'infliger, *coram
populo*, au plus savant des fils de sa Faculté bien-aimée.

Amen, Tarnagas ! murmura doucement le futur et joyeux
Curé de Meudon, en s'esclafant de rire (2), car l'éminent
linguiste parlait avec autant de brio le dialecte du sud de
la Loire, la langue d'oc, que celui du nord, la langue d'oïl.

Mais l'âne venait de s'effacer, et les aiguilles de l'« œuf »
de Nuremberg de Rabelais, une des premières montres du
XVIe siècle, marquaient exactement neuf heures.

(1) *Plumail*. Aileron de dinde ou d'oie.

(2) Beaucoup de Montpelliérains (et non des moindres en érudition),
nous ont affirmé que cette farce eut bien lieu le jour de la réception
doctorale de Rabelais. Dans tous les cas, comme on ne prête qu'aux
riches, autant vaut-il la placer en ce beau jour de liesse universitaire,
plutôt que de l'intercaler ailleurs.

L'INVESTITURE DOCTORALE

Majestueux dans sa robe professorale, le guide bienveillant et vénéré de l'École de Médecine, Antoine Griphy, attendait, souriant, sur le parvis de l'église dédiée à saint Firmin, évêque de Mende au IVe siècle, dont le corps fut trouvé à la Canourgue et transféré à l'Abbaye de Saint-Victor, de Marseille, où il repose à côté des restes du grand pape lozérien Urbain V.

Le Doyen offrit le poing à Rabelais et le conduisit à la chapelle Saint-Michel où trônait, dans la rutilance des cuivres dorés, l'Archange saint Michel, paré de velours et orné de bijoux étincelants.

Là se trouvait, revêtu de ses plus somptueux ornements, Monseigneur l'Evêque, assis sur le trône épiscopal, entouré de la brillante noblesse montpelliéraine et des hauts dignitaires du clergé diocésain.

A l'autel, aux pieds du Christ cloué sur sa croix, nu, pitoyable, couvert de sang, les traits tirés et le visage penché sur la poitrine, grésillaient parmi les bouquets de lis et de roses, de magnifiques cierges implorant, de leurs brûlantes larmes, la miséricorde divine sur les armées royales.

Sur une table, s'étalaient, côte à côte, deux vieux et vénérés manuscrits : l'un, religieux, la Bible (1) ; l'autre, médical, les *Aphorismes* d'Hippocrate.

Aimez-vous ! disait celui-ci ; soignez-vous ! répétait celui-là. Et tous les deux renfermaient les prescriptions hygiéniques les plus minutieuses et les plus précises,

---

(1) La bibliothèque de l'Ecole de Médecine possède une belle Bible qui appartint au fils d'un petit cordonnier de Cahors : le grand Jean XXII, pape à Avignon de 1316 à 1334 et qui apporta de nombreux embellissements à cette ville.

Elle contient aussi 50.000 volumes et 600 manuscrits des plus rares, dont trois autographes de l'illustre auteur de la « *Jérusalem délivrée* », Torquato Tasso, dit le Tasse.

dictées par l'expérience et l'observation. Pourrait-on oublier, en effet, que les premiers prêtres furent, comme les médecins, des savants qui initièrent leurs contemporains aux pratiques médicales substituées à l'empirisme grossier des féticheurs et des sorciers ?

Après les présentations d'usage, Griphy s'exprima de la sorte, en latin :

« François Rabelais, au nom du Bien-Aimé François de Valois, roi de France, en présence de Sa Grandeur Monseigneur l'Évêque de Maguelone et de Montpellier, devant le Haut-Clergé et les grands dignitaires de cette illustre cité, en face de messieurs les régents de l'Ecole de Médecine et de vos chers condisciples, je suis heureux de vous féliciter, en ce jour, de vos brillants succès universitaires ainsi que des multiples services que vous avez rendus à notre Faculté.

Vous le savez, nous sommes doublement endeuillés et par la mort du regretté Dauphin (1) que la science n'a pu arracher à la maladie dont il avait puisé le germe en partageant stoïquement l'exil paternel, et par l'invasion étrangère.

L'ennemi est à nos portes et la Patrie en danger. Demain ? Quel grand Peut-être ! Je me dispenserai donc de discourir plus longtemps, car la vraie douleur est muette et, si la science n'a pas de patrie, les savants en ont une.

(1) François Ier, mort soit du mal français, d'après la version accréditée partout, soit d'intoxication urineuse, comme le pensaient Cullerier et Corlieu, ou plutôt, suivant Cabanès, de fistule tuberculeuse, François Ier, atteint de bacillose, transmit à ses descendants, non point l'Avarie dont il avait été infecté postérieurement à la naissance de ses sept enfants, mais une tare tuberculeuse. Ses quatre filles succombèrent, les deux premières en bas âge, la troisième à deux ans et la quatrième succomba, à 18 ans, des suites d'un épanchement pleurétique suspect de tuberculose. Henri III fut tué par la lance de Montgommery et Charles d'Orléans enlevé par une affection des voies respiratoires. Cette tare tuberculeuse se retrouve aussi chez deux des petits-fils de François Ier : François II, adénoïdien, qui mourut de méningite tuberculeuse, et Charles IX, de bacillose.

A cette heure, si douloureuse pour la France, je tiens à vous remémorer l'*Ode à Plancus*, d'Horace.

Au lendemain de luttes pénibles et à la véille d'en affronter d'autres, Teucer réunit une dernière fois ses compagnons et leur adresse une allocution, vibrante du patriotisme le plus ardent, qui se termine ainsi :

> ...O fortes pejoraque passi
> Mecum sœpe viri, nunc vino pellite curas,
> Cras ingens iterabimus œquor.

Pejoraque passi, oui, nous avons subi de bien rudes assauts, toujours du même ennemi, et la nouvelle attaque dont il nous gratifie, nous devons la repousser énergiquement.

Nunc vino pellite curas, oui, nous trinquerons aujourd'hui à nos victoires de demain et à la science.

Cras ingens iterabimus œquor, demain nous reprendrons la grande mer, c'est-à-dire la lutte pour le progrès matériel, intellectuel et moral.

Rabelais, je vous confère le titre de Docteur. Jurez sur le livre d'Hippocrate et au nom de l'Être Suprême, d'être fidèle aux règles de la probité et de l'honneur ! »

— Je le jure! s'écria Rabelais d'une voix mâle et assurée, en étendant sa puissante main sur les *Aphorismes* qu'il savait par cœur et dont — heureux bibliophile ! — il possédait l'unique manuscrit sur parchemin, écrit en belle gothique par Hippocrate lui-même. Il n'ajouta aucune autre parole et se mit à pleurer en prononçant le serment. (1)

Que peuvent, en effet, les paroles pour peindre le bonheur et que ne traduisent pas les larmes! Il eut pourtant un court moment de défaillance, moins grave assurément que celui de Molière qui, dans la dernière représentation de son chef-d'œuvre, *le Malade imaginaire*, fut pris, en

---

(1) La formule du serment date du IVe siècle avant notre ère. Le père de la médecine, Hippocrate, la faisait prononcer à Cos, à tous les Asclépiades ses élèves.

prononçant le fameux *Juro*, d'une syncope mortelle, qui le sidéra sur la scène de ses exploits dramatiques (1673).

Ce malaise passé, le Doyen coiffa Rabelais du Bonnet d'Hippocrate, en drap noir, surmonté d'une houppe de soie cramoisie, et lui ceignit les reins d'une magnifique ceinture dorée. L'Evêque, muni d'un anneau d'or (1), symbole des fiançailles avec la science, présenta cette bague au régent Griphy, qui prit aussitôt la main de Rabelais et la lui passa au doigt annulaire gauche

Les trompettes firent retentir les voûtes de la chapelle d'une marche guerrière, et Monseigneur entonna le *Te Deum* de la bénédiction de l'Acte de Triomphe.

> Dominus vobiscum !

clama-t-il.

> Et cum spiritu tuo...

répondit l'assistance.

Cela fait, le vénéré Doyen fit asseoir le nouveau morticole à ses côtés et lui donna l'accolade confraternelle.

Le triomphateur, circulant parmi l'assistance, avec ses insignes doctoraux, distribua force dragées et fruits confits, accompagnés de bonnets pour les Maîtres Régents, et remit au président de la cérémonie les dix écus obligatoires.

Obéissant alors à la même pensée qu'eut, bien plus tard, le duc de Buckingham, perdant délibérément une perle d'un très grand prix à l'endroit précis où la reine Anne d'Autriche lui avait murmuré l'aveu de son ardent amour, Rabelais laissa tomber à terre le modeste anneau d'or qu'il portait auparavant, afin qu'un autre pût, en le ramassant, se croire heureux là où lui-même venait de goûter au bonheur.

(2) Pendant la durée de la « *Res Publica* », les Romains, qui se soignaient fort mal, n'avaient ni médecins, ni chirurgiens et, comme l'a écrit Pline, « la Médecine n'allait pas à la gravité romaine ».

Ce fut Jules-César qui attira de nombreux médecins grecs à Rome, en leur donnant droit de Cité et l'insigne faveur de porter l'anneau d'or des Cités Romaines. Cette faveur s'est perpétuée longtemps après Rabelais.

LA TAVERNE DE LA « POMME DE PIN »

La cérémonie terminée, Rabelais, escorté de ses amis magnifiquement parés de « gans parfumés de parpeignan » — cadeau du nouveau docteur — fut conduit par les docteurs Rondelet et Schyron, dans le salon des fêtes de l'antique taverne de la Pomme de Pin, dominée par la Tour de l'Observatoire et gérée par Grandgousier, afin d'y déguster en chœur l'apéritif d'honneur.

Une pancarte, fixée sur un délicat pilier renaissance, était ainsi libellée à l'entrée :

Vin blanc de Mirevaulx,
Excellent pour les huitres de Cette.

C'était tout à fait flatteur pour la population maritime de l'antique Mons-Setius et sans préméditation nocive assurément. Dans ce cabaret artistique se réunissaient les étudiants qui, chargés de monnoye comme un crapaud de plumes, avaient du temps de reste pour déchiffrer à l'aise la gentèse du mot « *pecunia* » renfermée dans le vers d'Ennius :

Deficiente pecu, deficit omne, nia !
(Tout manque, quand l'argent manque !)

C'est là qu'ils humaient à l'œil le piot et, pour ne pas déroger aux doctes prescriptions de leur Maître Hippocrate, se grisaient au moins une fois par mois (semel in mense), avec le Saint-Georges et le muscat de Lunel.

Dans ce superbe établissement, trois belles Montpelliéraines représentant la ville de Chinon, habillées de bleu, de blanc et de rouge, offrirent au Docteur un immense bouquet, composé de myosotis, de lis et d'une rose rouge de Chinon, entouré de feuilles de saule pleureur et portant cette éloquente inscription :

« Le sol qui vous a vu naitre s'arroge, en ce jour, la plus large part de votre triomphe et de votre affection ».

Rabelais les remercia chaleureusement, les embrassa et, souriant, les larmes aux yeux, tandis qu'il effeuillait la belle rose de son pays, il murmura doucement :

> Rose, qu'un vent t'emporte
> A Chinon où je suis né ;
> L'arbre déraciné
> Garde la feuille verte.

Le célèbre apéritif de cette époque, l'Hypocras — vin d'Hippocrate — se composait d'une infusion aromatique de gentiane, d'écorce d'oranges, de cannelle, de citronnelle, d'amandes douces, de musc et d'ambre, faite avec du muscat de Frontignan édulcoré par le miel des garrigues de la source du Lez, si délicieusement parfumé par le romarin. Il portait cette devise hippocratique sur son flacon d'argent :

> Ante prandium, aut Hypocras,
> Aut, melius, mille passus.

> (Avant le repas, l'Hypocras, ou, ce qui est préférable,
> un millier de pas.)

Les invités firent un excellent accueil au classique Hypocras, à l'exception cependant de Rondibilis, déjà d'un certain âge, un tantinet musicien, dyspeptique et farceur, dont (signe particulier inscrit sur son passeport) le gaster doctoral, véritable usine à gaz, digérait difficultueusement les flageolets et les lentilles si chères à Esaü de légumineuse mémoire et digne ancêtre de ce duc de Savoie qui formulait ainsi, entre la poire et le fromage, ses regrets d'ichthyophage :

> Pour un plat de foie de lotte,
> Je vendrais volontiers ma cotte !

Comme il ne voulait pas s'ouvrir l'estomac avec une fausse clef, et qu'il se trouvait dans l'impossibilité de prendre — *pedibusse cum jambisse* — son apéritif kilométrique habituel, si peu onéreux pour sa bourse, il se contenta (c'est du reste le meilleur de tous les apéritifs) de boire un bol de bouillon de bœuf, froid et aromatisé par une branche de basilic, ainsi dénommé (Baeikinos, royal) à cause de ses vertus eupeptiques.

— « A table ! A table ! », cria-t-on de toutes parts.

Et, guillerets et contents, « aymant mieulx, par leur foy, leurs fieux, voir un bon et gras oyson en broche », comme le dit, dans *Pantagruel*, certain brave moyne d'Amiens, ils s'acheminèrent tous gaiement vers les arcades ogivales de l'auberge de la Vache Enragée, vieille hostellerie du quartier latin, tenue par Virevedel, dit le Ragot de Bramabiòu, sur le frontispice de laquelle on lisait :

N'allez pas vous faire voler ailleurs ;
Venez ici.

L'HOSTELLERIE DE LA VACHE ENRAGÉE

Un succulent festin se trouvait dressé dans la vaste salle à manger de l'hôtel.

L'oiseau de la chaste et sage Minerve, le grand-duc, étendait ses ailes protectrices sur ce magnifique salon dont les tables, fleuries et recouvertes d'une riche nappe de frise aux initiales de François Rabelais, étaient ornées d'antiques candélabres à sept branches, en fer forgé.

Les dimensions des pièces servies furent en rapport avec l'importance du personnage fêté.

L'esturgeon qui figura dans ce repas, pris sur les bords du Rhône et présenté sur une feuillade de cresson de fontaine, n'avait pas trois pouces de moins en longueur que Rabelais.

Il faisait aussi noble contenance que le sturio de 6 mètres capturé quelques jours auparavant dans la Loire et qui, servi sur la table de François Ier, eut les honneurs de la sépulture dans un tube digestif royal, cette vulgaire tripe, mère de tous les vices de l'humanité, suivant le profond anatomo-psychologiste qu'était Rabelais.

Voici le Menu (1) de la ripaille confraternelle.

---

(1) Ce menu diffère peu de celui qu'on servit, en l'an 1543, à un repas de noces (Archives des sires De Ribeaupierre). Eugène Muntz nous apprend, dans « l'Histoire de l'Art pendant la Renaissance », qu'au xvie siècle les festins étaient plus fastueux et plus originaux que ceux de notre société actuelle. Ainsi, Rustici, traitant, un jour de fête, ses confrères, les reçut dans une cuve gigantesque, transformée en chaudron à

AUBERGE DE LA VACHE ENRAGÉE

Lippée du 22 mai 1537
Harnois de Gueule

Ier SERVICE

Huîtres citron — Saucisson d'Arles — Cognets de beurre — Radis et asperges — Melon en conserves — Pâté contenant trois perdrix vivantes — Chevreuil moucheté aux raisins de Corinthe — Soupe aux œufs — Tête de brochet au bleu — Brochet lardé — Bœuf au raifort — Tarte — Pâtés chauds au poulet — Chapons rôtis.

2e SERVICE

Une tour laissant échapper du vin blanc et des petits poissons — Esturgeon saulce verte, à la poutargue de Martigues et au vin blanc de Touraine — Escargots de Montpellier — Cassoulet de Castelnaudary — Tête de porc dorée — Pâté de chevreuil — Un mouton entier (d'une ouverture faite au cou de ce mouton s'échappait du vin rouge) — Tarte chaude au lard.

Coup du milieu pour « faire le trou » :
Eau-de-vie du Languedoc en carafons.

3e SERVICE

Moustarde et garum romain *ad libitum*.

Pâté de mésanges et pâté truffé de chasse Saint-Hubert, sur socle — Faisans truffés de la Touraine, à la broche, et venaison en sauce — Une maison en pâtisserie renfermant un Plum-pudding diplomate aux marrons, des bombes turques et du marsepain d'Innocent de Chinon — Ecrevisses en buisson, cardinalisées à l'estouffade — Cochons de lait — Marmelade aux œufs — Un Aigle en pâtisserie rempli de gelée — Soupelette de poissons.

l'aide de toiles et de peintures artistement arrangées. Quand les convives furent assis, il surgit au milieu d'eux un arbre dont chaque branche portait un plat. Matter de Panzanc, fondateur de la Société de la Truelle, imagina un « Repas Infernal », qui fut servi par des démons. Sur les plats étaient entassés des scorpions, des serpents et des chauves-souris ; mais ces repoussantes enveloppes recélaient aux gourmets la chair la plus succulente.

Dessert

Roquefort — Vacherins et Péraldons du Mont-Lozère — Jocandes de fromages du Languedoc au lait de brebis.

Fruits
Oranges et Cerises

Purées septembrales du bon coing :
Vin pineau du Clos de la Devinière et de la Cave peinte — Vin de Saint-Georges et Mirevaulx en carafes — Muscat de Frontignan — Vin blanc de la Touraine — Champagne de la maison Aphrodite et Cie — Vino-Misa authentique (Xérès et Porto alto douro d'Oporto).

Coup Final eupeptique
et précipitant de la digestion :
Infusion bouillante de Marmelade d'oranges (Dundee marmelade des Anglais), servie à chaque convive dans un élégant petit gobelet en poterie de Banassac, portant l'inscription des terrailles du xie siècle :

« Feliciter medicis »
(Salut aux médecins).

Service de table en pur étain ; coupes et carafes en faïences et majoliques italiennes, signées des célèbres potiers Gironino et Balthasar, de Pesaro.

Pendant ce déjeuner, au lieu de se conformer au sage précepte de l'école de Salerne :

« Inter prandendum, sit sœpe parumque bibendum »
(En mangeant, buvez peu et à petits coups)

les médecins de l'école de Montpellier burent au contraire beaucoup et à grands coups, sans doute afin de ne pas démentir l'éternel adage des fils d'Ignace Loyola :

« Faites ce que je vous dis et ne faites pas ce que je fais ».

Silencieux et réservés au début du repas, quand les morticoles furent, vers le rôti, à peu près rassasiés, ils échangèrent « de omni re scibili » et « quibusdam aliis », selon l'addition de Voltaire, les conversations les plus savamment croustillantes.

Les anciens n'agissaient pas autrement.

Au lieu d'éternelles discussions politiques, si en honneur au xxᵉ siècle, ils affectionnaient, à table, les causeries instructives, ainsi qu'en témoignent les « symposiaques » de Plutarque qui n'étaient que des entretiens « inter pocula » ou, pour mieux dire, entre la poire et le fromage.

Le professeur Rondelet (Rondibilis), à l'abri, par son talent, de la « Pessima medicorum Invidia », l'envie, « ce monstre aux dents de rouille » dont parle le poète (livent rubigine dentes), Rondelet, qui découpait l'aile d'un poulet avec autant de maëstria qu'il en mettait à amputer un bras et venait de découvrir la valvule des Apothicaires, eut même l'occasion de placer quelques-uns de ses Aphorismes culinaires, au nombre desquels ce quatrain :

> De trois choses Dieu vous garde,
> Du Bœuf salé sans moustarde,
> D'un Varlet qui se regarde,
> D'une Ribaude qui se farde.

et s'écria, quand il vit le fromage montpelliérain :
« O Felix Monspelliensis ! qui tôt et tam bonos produxit fromaginos ! »

Un toast fut porté, par le Doyen, à Rabelais, linguiste, pédagogue, botaniste, anatomiste, physiologiste, médecin, chirurgien, hygiéniste, dessinateur, légiste et digne fils de la Faculté.

> Tu Rabelœsius eris !

s'exclama-t-il, en vidant son verre pétillant de blanche et suave mousse.

Une salve de bravos accueillit cette péroraison.

Rabelais, suivant la mode antique, levant trois fois sa coupe à la mémoire de ses chers disparus, en l'honneur de l'Université de Montpellier, de son Recteur et de ses Régents, remercia le doyen dans les meilleurs termes et but à la santé des Docteurs, ses amis, qui l'entouraient, de son protecteur, Du Bellay, de l'érudit Etienne Dolet, une des lumières de la Renaissance et une des gloires de la typographie, de Budé, le premier de France pour les sciences, de l'éloquent Bérault, du savant Dunès, de Toussaint, cette bibliothèque vivante, des poètes Macrin, Bourbon et Macro, sans oublier les nombreux étudiants qui assistaient à cette fraternelle agape.

Ce toast clôtura le banquet et souleva l'auditoire, qui éclata en transports frénétiques, brûlant déjà d'impatience méridionale d'en venir aux marteaux de cet antique et digestif Jeu de Mail (martellus), si cher aux fils du « Clapas » et si fréquemment interrompu, chez les irascibles hidalgos de la Catalogne et de l'Estramadure, par quelque inopportun coup de navaja.

LE JOYEUX LENDIT

Les convives étaient hygiéniquement occupés (on a peut-être tort de ne pas agir ainsi de nos jours), à se laver la bouche, à l'aide d'un gobelet plein d'eau tiède, car il était fort éloigné déjà le temps des pratiques émétisantes des Romains, qui mangeaient pour vomir et vomissaient pour manger, ne daignant même pas digérer les mets dont ils se gavaient, comme de vulgaires pourceaux de la décadence, quand tout à coup se produisit un très grand vacarme.

— Zóu, Pouly! Zóu, Fulcranet! Zóu, Grassetou!

— La Tarasco! Lou Biòu! Lou Lioun d'Arle! (1)

crie-t-on de toutes parts.

L'hôtel est subitement éclairé à giorno par une pégoulade de longs tisons de poix de résine, et la salle envahie par trois monstres fantastiques.

Chacun de détaler au plus vite vers les salons.

La Tarasque, le Taureau et le Lion ont beau tourner leurs

____

(1) A Salamanque, célèbre ville universitaire d'Espagne, l'usage en vigueur dans les solennités des réceptions doctorales, obligeait autrefois le jeune docteur à donner, à ses frais, une brillante course de taureaux. Il s'y déployait un tel luxe et il s'y dépensait de si grosses sommes, que le Concile de Vienne limita, en 1311, à 3.000 livres tournois, les dépenses des candidats au Doctorat, exigeant d'eux, par serment, qu'ils ne dépasseraient pas cette considérable somme.

formidables têtes en carton : ils ne voient que gens détaler devant eux.

Ce sont les étudiants, élégants et souples comme Ulysse, herculéens comme Ajax, de cette poétique Provence qui, au temps du bon roi René, se chauffait au gai soleil et à la poésie des cours d'amour, où la chaste Minerve retrouverait ses oliviers égayés par le bruissement des cigales et Vénus ses myrtes parfumés, doux pays où, sous l'ombre tutélaire des étoiles et des balcons fleuris, Romeo chante encore *mezza voce* la mélodieuse sérénade :

O Magali ! ma tant amado !
Mete la tèsto au fenestroun...

aux *bèlli chatouno d'Arle* que Praxitèle n'aurait pas mieux modelées, car elles sont, avec leur chevelure relevée sur la tête par un nœud de dentelles et serrée dans un ruban de velours noir, des types adorables de beauté féminine

Du pont du Gard à la Durance,
Des Iles d'Hyère à Tarascon... ;

ce sont, disons-nous, les étudiants provençaux et espagnols, improvisés pour la circonstance troubadours et trouvères, tarascaires, tambourinaires et toréadors, qui ont fait cette bruyante surprise à leur camarade.

Précédés d'un immense drapeau représentant l'épouvantable Tarasque, exorcisée par sainte Marthe, enlaçant de ses ondulations perfides un taureau camarguais, en face d'un vieux lion, sans griffes ni crocs, et semblable au dernier roi de la République d'Arles, qui fut tué dans l'amphithéâtre romain du pays de

Mireille, par un simple bélier, ils sont costumés de den-

-telles et de soie, avec une écharpe jaune, rouge et bleue, en sautoir, où pend l'image de la Tarasque et de la Toison d'or, en signe d'union latine *« tras los montes »*.

Ils chantent en chœur leur chanson favorite :

> Montpellier est beau pays. Oui ! — Oui !
> Il est trop près du Merdançon. Bon ! — Bon !
> Serons-nous tarnagas
> De quitter le clapas,
> Et sans espoir
> De plus le revoir ?

Parmi eux, se trouvent d'autres escholiers déguisés en Mores — quand on est mor...e, c'est pour longtemps ! — du temps de Roland, l'olifiant d'ivoire en bandoulière, ou en vignerons porteurs de ceps de vigne, de gourdes et du légendaire tonneau d'ivresse (lou bouto embriagou). Ces derniers sont coiffés d'une toque en forme de bateau rhodanien, connu sous le nom de l'Esturgeon.

Se tenant par la main sous les croisées de l'hôtel, accompagnés des Midinettes, des Mimi-Pinson, des Marthe, des Julia et des Carmencitas montpelliéraines aux profils grecs, romains et sarrassins, qui cachent des roses et des tarasques dorées dans l'ébène de leurs soyeux cheveux, ils dansent, au son du fifre et du tambourin — tu-tu-pan-pan — une farandole des plus charmantes et des mieux endiablées.

Mais on donne le signal du départ vers la promenade du Duc de Roquelaure (l'Esplanade), où se dressent les tréteaux d'un théâtre en plein air.

En route, en route ! s'écrie-t-on, et déjà tarasque, lion et taureau sont en tête, *querens quem devoret.* Il est cinq heures. Le Recteur occupe la place d'honneur du théâtre hygiénique, entouré d'invités de marque, enthousiastes et bien dispos. Voici le

Programme du concert-spectacle

PREMIÈRE PARTIE

I. — *Pas redoublé,* avec fifre et tambourin.

II. — *Le Lavement*. Conte d'apothicaire, scatologique et foireux, débité par M. Poutringue, étudiant en pharmacie.

III. — *La Bravade des Sarrasins, en l'an 800*. Danse Mauresque exécutée, sonnettes aux genoux, par trois Arabes étudiants en médecine.

IV. — Menuet de violes, violons et harpes.

V. — *La chanson de gestes de Roland*. Poème en vers guerriers du viie siècle, dit par Durandal, étudiant en droit.

VI. — *Le Bacchuber*. Ancienne danse des fêtes (Brumalia) latines en l'honneur de Bacchus, exécutée, glaives enguirlandés en mains, par 13 étudiants de l'Université, dirigés par Saint-Vincent-le-Tortu.

VII. — *La Farce de Jean Pontalais*, devant le porche de Notre-Dame. Facétie en un acte, exécutée par deux enfants sans-souci des confrères de la Passion.

Le comédien Pontalais, au cours d'un sermon, fait son annonce, au son du tambourin, devant Notre-Dame.

— Qui vous fait si hardi, lui dit le curé, sortant furieux de l'église, de jouer au tambourin, quand je prêche ?

— Et qui vous fait vous si hardi de prêcher quand je tambourine ?

Le curé crève la caisse et bat en retraite. Pontalais le rattrape sur les marches de l'église et le coiffe de son tambour crevé, aux rires des paroissiens, plus égayés que scandalisés de cet exploit inattendu d'un comédien sympathique.

DEUXIÈME PARTIE

I. — Boléro : *Le Toréador*.

II. — *La Morale*, comédie de celuy qui avait épousé une femme mute.

Histoire d'une muette qui, après une opération sollicitée par son époux, ayant recouvré la parole, parle tant et tant, que le mary va quérir le médecin pour la faire taire : — Tout ce que je peux, lui répond ce dernier, c'est de vous rendre sourd, si vous le désirez.

Farce bourgeoise, jouée par l'auteur François Rabelais et ses amis.

Ce programme, ponctuellement exécuté, l'assemblée se retira émerveillée.

A huit heures du soir, une phénoménale eau bouillie, dans laquelle le légendaire auvergnat aurait difficilement trouvé place, (fouchtra !) pour déposer ses avantageuses savates à côté des cheveux ondulés de sa plantureuse bourgeoise, une savoureuse eau bouillie, préparée à la « forme » d'Aubrac et au rafraichissant pain de seigle de Villefort,

L'Aigo boulido
Sauvo la vido,

réunissait autour du fin gourmet Rabelais tout ce que l'école médicale renfermait de jeunesse Brillat-Savariniste, avide de science, de bonne chère et du reste.

Ce plat de résistance fut accompagné de morue à la brandade de la grille de Nîmes, dont l'illustre fils de la Cannebière, le marseillais Thiers, était si friand, de perdreaux truffés, de choucroute garnie de saucissons d'Arles, de salade de lachieirous (pissenlits), historiée de fraises, et copieusement arrosé de vin blanc de Touraine, sans compter tout ce qu'on servit encore, car on boit et mange bien à vingt ans, et Messire Gaster n'est pas facilement susceptible de contracter à cet âge une incurable dilatation.

Le gueuleton achevé, nos étudiants — ils n'étaient ni anges ni bêtes, ô Pascal ! — se répandirent aux accents du : « Gaudeamus dum juvenes sumus », en une farandole échevelée, dans les ruelles de la ville des jeunes filles, Mons Puellarum.

Nous ne suivrons pas la bacchanale endiablée de cette joyeuse ribambelle de fêtards et de pinsons noctambules, à travers les beuveries, les tavernes ribaudières et les abbayes des galloises Montpelliéraines.

Si mainte frisquette et gentille midinette s'oublia dans cette nuit, au point d'endommager sa vertu ; si plusieurs maris furent... popularisés par leurs épouses, et pâtirent de ce « pervigilium veneris et bacchi », cela ne nous regarde pas, car il n'est pas toujours agréable de fourrer le nez dans les affaires des autres. On était du reste au prin

temps, au mois tout fleuri, tout parfumé par l'âme juvé-
nile, ardente et prime-sautière de la Renaissance,

> Au verd et beau may,

comme le chantait si délicieusement, dans sa fraîche musique de 1600, le compositeur Mauduit, et

> La lune, l'occasion, l'herbe tendre, et, je pense,
> Cupidon aussi les poussant......

Mais, laissons cette belle jeunesse glorifier les folles ivres-
ses du vin et de l'éternelle déesse de Chypre :

> « Alma Venus, hominum divum que voluptas »,

la bienfaisante Vénus, volupté des hommes et des dieux.
Après les truffes aphrodisiaques, on n'est pas de bois, que
diable !.. et si, comme l'a si bien dit Maupassant, « les riches paient souvent le bouquet cueilli, en cueillant aussi,
mais sur la seconde floraison », ils laissent à contre-cœur
aux pauvres étudiants le soin de le couper dans la première.

Ainsi s'éteignit, dans l'apothéose nocturne d'un Lendit
Universitaire, la dernière lueur moyenâgeuse de l'Acte de
Triomphe.

> *Requiescat in Pace !*

Depuis, c'est dans la Salle des Actes de la Faculté, sous le
bienveillant regard d'Esculape, d'Hippocrate et d'Hygie,
qu'a lieu le couronnement solennel des études médicales
et, le plus souvent, dans la salle du Conseil qui abrite la
belle série, commencée en 1239, des portraits des professeurs, dont quelques-uns sont signés par deux illustres
maîtres montpelliérains : Sébastien Bourbon et le géné-
reux baron Fabre, qui, dans sa profonde piété filiale,
légua sa précieuse et riche collection de tableaux à sa
ville natale.

Un an après le 22 mai 1537, date précise de l'obtention
de son diplôme doctoral, François Rabelais s'éloignait à
jamais de Montpellier.

Avant de quitter les Cévennes languedociennes, il visi-
ta le pays Albigeois, Castres et l'ancien chef-lieu de la
Narbonnaise romaine, Narbonne, dont on réparait les

Fac-similé de l'autographe de Rabelais relatif à son diplôme

Ce précieux document, que l'éminent et savant doyen de la Faculté, M. le professeur Mairet,
notre ancien condisciple et ami, a bien voulu nous autoriser à reproduire, est d'une valeur pécuniaire au moins égale à celle d'une lettre autographe de Luther au duc de Saxe, datée de 1525
et payée 10.000 francs, au cours d'une vente, à la salle Soteby, à Londres.

murs bâtis de tombeaux et de statues, en les couvrant de fragments de bas-reliefs, où le touriste et l'archéologue peuvent déchiffrer près d'un million d'inscriptions antiques, des plus instructives, sur la sinistre épopée du bon vieux temps.

Il n'eut garde d'oublier le Capitole de Toulouse, ville des Jeux Floraux si chers aux Troubadours du xıv^e siècle, de Clémence Isaure, la belle et spirituelle poétesse du xvı^e siècle, et dont la curieuse Cave aux Morts conservait des Macchabées de cinq cents ans.

Il voulut voir aussi le fameux clocher roman de la basilique de Saint-Sernin (Saturnin), immortalisée par la bénédiction des bannières de la première Croisade, et l'endroit où, en 1218, le cruel Simon de Montfort, chef de la croisade contre les Albigeois, avait été tué par une pierre adroitement lancée du haut des remparts de l'antique capitale du Languedoc.

A Toulouse, nous dit-il, il apprit à danser et à jouer de l'épée à deux mains, « comme est l'usance des escholiers de ladite Université ». Le triple Pont du Gard, élevé, il y a dix-neuf siècles, par Agrippa, gendre d'Auguste, ce glorieux fondateur de la Colonia Nemausensis, en l'honneur de qui la Colonie Nîmoise fit frapper, l'an 735, une médaille représentant, d'un côté, la tête de César Auguste, couronné de laurier, accolée à celle de Vipsanius Agrippa et, de l'autre, un crocodile enchaîné à un palmier d'où pend une couronne avec cette légende : « Col Nem » ; la Maison Carrée, harmonieux monument religieux imité de l'art grec, construit, l'an 1 de J. C., en l'honneur des petits fils d'Auguste : Caïus et Lucius, et que Colbert voulait faire transporter à Versailles, pierre par pierre ; les Arènes de Nîmes, qui portent encore la trace de l'incendie que Charles-Martel alluma, sous ses antiques voûtes, pour en chasser les Maures d'Espagne, et la ville sonnante, Avignon, « Avenio ventosa, sine vento venenosa, cum vento fastidiosa », tristement célèbre par l'exécution dans le Palais des Papes, en 1562, du sieur De Perrinet Parpaille, chef des Parpaillots (Calvinistes) dans le Comtat-Venaissin, et le meurtre (2 août 1815) du maréchal Brune, furent l'objet de ses pérégrinations de savant.

Mais, ce qui frappa surtout son puissant regard de touriste et de botaniste, ce furent les Iles d'Or (Iles d'Hyères), ces vieilles stœchades des Grecs, embaumées par les orangers, où, selon Pline, les Gaulois pêchaient le corail dont ils ornaient leurs boucliers et leurs épées.

De là, il se rendit en Dauphiné et admira l'une de ses sept merveilles : le Mont Aiguille, énorme bloc calcaire en forme de potiron, de 2.097 mètres de haut, gravi pour la première fois, en 1492, par le capitaine Julien de Beaupré, de Montélimar.

Ce fut, hélas ! en 1553, que les Montpelliérains apprirent que le bon curé-docteur de Meudon, vaguant d'abbaye en abbaye, de cure en cure, de ville en ville, après une vie d'ubiquité errante comme celle du lièvre entre deux sillons, ayant néanmoins réussi, sans être brûlé vif pour avoir osé écrire son œuvre immortelle, à doubler le cap orageux de la soixantaine, était trépassé — quel fichu quart d'heure ! (1) — au numéro 28 du Quai des Célestins de Paris, d'une obstruction de la veine porte (Vena portarum

---

(1) L'origine de la locution proverbiale : « Le quart d'heure de Rabelais », qui caractérise tout moment fâcheux de l'existence, provient de l'embarras pécuniaire où se trouva l'insouciant Curé de Meudon, certain jour qu'il était, sans un sou vaillant, dans un hôtel de Lyon. Pour se tirer d'affaire, il disposa sur une table de sa chambre, trois petits paquets, soigneusement ficelés et étiquetés de la façon suivante: Poison pour le Roi. Poison pour la Reine. Poison pour le Dauphin. A cet aspect, l'hôtelier, effrayé, s'empressa de prévenir la Maréchaussée, qui se mit en demeure de conduire Rabelais jusqu'à Paris, où il désirait se rendre, à l'œil, bien entendu. En arrivant, le facétieux voyageur écrivit une spirituelle épitre à François Iᵉʳ, qui, riant de ce singulier stratagème, ordonna la mise en liberté du littérateur, dont le premier soin fut de graver sur ses tablettes ce distique :

Sans pain, ni vin,
Voyage vain.

porta malorum), humilié bien certainement dans son for
intérieur, ainsi que ses doctes confrères, de mériter en
expirant le reproche hippocratique :

Medice, cura te ipsum.
(Médecin, guéris-toi toi-même).

Il allait « quérir un Grand Peut-estre » et laissait à ses
héritiers, stupéfaits du lapin phénoménal qu'il leur posait,
un testament aussi acrobatiquement fumiste dans sa teneur
concise : « Je ne possède rien, je dois beaucoup, je laisse
le reste aux pauvres », que celui, non moins facétieux, du
Hollandais de Leyde, à qui les mandarins de Pékin adres-
saient leurs doléances, avec cette suscription :

« *A Monsieur Boerhaave, Médecin en Europe* »,

et ainsi conçu : « Tête fraîche, ventre libre, pieds chauds »,
évoquant l'ombre de ce laquais dont parle Charles Per-
rault, dans sa spirituelle parodie du Livre X de *l'Enéide*,

Qui, avec l'ombre d'une brosse,
Nettoyait l'ombre d'un carrosse.

Sic transiit gloria Rabelæsi !!!

Ainsi passa la gloire de l'Aigle de Montpellier, gloire
qui est « devenue l'une des Religions de la France », suivant la forte expression qu'employa Sainte-Beuve, après
Joseph de Maistre, pour magnifier, en guise d'oraison fu-
nèbre, le prodigieux talent de l'Aigle de Meaux, Bossuet.

Lettre ouverte
à M. le Dᵣ Jules Chabanon

Cher Monsieur,

Voulez-vous me permettre une simple indication sur l'origine du nom de Montpellier, au sujet duquel vous élevez des doutes dans votre étude parue dans *La Province* sur un Lendit universitaire du XVIᵉ siècle ? Le savant historien A. Germain, qui a écrit l'*Histoire de la commune de Montpellier*, n'est pas plus affirmatif que vous, mais il donne du mot *Pessulanus* un sens plus positif.

D'après les étymologistes, qui font dériver Montpellier de *Mons-Pessulus*, « le monticule, dit Germain, sur lequel est bâti Montpellier, aurait été anciennement un terrain planté de bois, une sorte de parc ou de *garrigue* remplie d'herbes sauvages, où les habitants de *Substantion* avaient seuls le droit de faire paître leurs troupeaux.

« Afin d'en interdire l'accès au bétail étranger, ils avaient entouré ce lieu d'une palissade et en avaient fermé la porte avec un verrou.

« Montpellier signifierait alors Mont fermé au verrou (*Mons-Pessulanus, quasi Mons pessulo clausus*). »

Et, en note, Germain ajoute :

« On trouve aussi dans les chartes *Monspestellarius, Montpesteylat* et, par abréviation, *Montpeylat*, qui, dans l'idiome

4

local, signifie monticule fermé à clé, monticule bien clos, bien retranché, bien fortifié.

« Les manuscrits du *Petit Thalamus* donnent également *Montpeslier* et *Montpeylier*. Froissart, à son tour, écrit parfois *Montpeslier*, qui, sous la plume de Gariel, devient *Montpélier*. Dans un acte de 1090, transcrit au Mémorial des Nobles, fol. 19, on lit : *Montpeslier* et *Montpeslairet*. »

Dans une autre note, Germain dit : « Montpellier, par analogie, ne pourrait-il pas avoir été autrefois entouré d'une enceinte fermée au verrou ou à la herse contre les courses sans cesse renaissantes des Sarrasins ? »

Germain n'affirme rien, et je ne viens qu'à sa suite. Mais c'est un guide sûr.

Excusez-moi de me jeter comme un intrus dans la discussion et croyez à l'assurance de mes sentiments distingués et confraternellement dévoués.

Jules TROUBAT.

P. S. — Le *Petit Thalamus* est un titre commun donné à divers registres des archives de Montpellier. Germain donne le caractère respectif de chacun de ces registres. On n'aura pas de longtemps de meilleur guide que Germain pour l'*Histoire de la Commune de Montpellier depuis ses origines jusqu'à son incorporation définitive à la monarchie française*, c'est-à-dire à l'Etat français.

Imp. L. Buisson, 168,
rue Saint-Maur, Paris.

216

www.ingramcontent.com/pod-product-compliance
Ingram Content Group UK Ltd.
Pitfield, Milton Keynes, MK11 3LW, UK
UKHW022206070726
13613UKWH00003B/1497